AF602994

CATALOGUE

D'UNE COLLECTION REMARQUABLE

D'OBJETS D'ART

et

DE HAUTE CURIOSITÉ

Émaux champlevés des XIIe et XIIIe siècles;
Émaux de Limoges, tels que : Triptyques, Coupes, Aiguière, Coffrets,
Plaques, etc., par Nardon et Jean Pénicaud, Martin Didier,
Léonard Limousin, Kip, Jean et Pierre Courtois, Pierre Raymond, etc.;
Beaux Plats et Vases en faïence
des fabriques de Gubbio, Urbino et Faenza, à reflets métalliques et autres;
Belles Pièces d'orfévrerie des XVe et XVIe siècles;
Petit Coffret en fer damasquiné d'or et d'argent; Superbe Flambeau
en bronze de travail italien du XVIe siècle;
Bronzes d'art; Sculptures en ivoire; Jardinières et Vases en ancienne porcelaine
de Sèvres, pâte tendre; Porcelaines et Émaux cloisonnés de la Chine;
Bronzes Louis XV et Louis XVI; Beaux Tapis veloutés
et Rideaux persans,

Appartenant à M. ***

ET DONT LA VENTE AURA LIEU

HOTEL DROUOT, Salle N° 1

Le Vendredi 17 Avril 1868

A UNE HEURE ET DEMIE.

Par le ministère de Me **Charles PILLET**, Commissaire-Priseur,
11, rue de Choiseul,

Assisté de M. **Charles MANNHEIM**, Expert, 7, rue Saint-Georges.

Chez lesquels se distribue le Catalogue.

EXPOSITIONS { ***PARTICULIÈRE***, le Mercredi 15 Avril 1868,
PUBLIQUE, le Jeudi 16 Avril 1868,

DE UNE HEURE A CINQ HEURES.

CONDITIONS DE LA VENTE

Elle sera faite au comptant.

Les adjudicataires payeront *cinq pour cent* en sus des enchères.

L'exposition mettant le public à même de se rendre compte de l'état des objets, il ne sera admis aucune réclamation une fois l'adjudication prononcée.

NOTA. — A partir du 15 avril prochain, l'étude de Me Charles PILLET sera transférée de la rue de Choiseul, 11, à la rue Grange-Batelière, 10.

225. — Imprimerie de Pillet fils aîné, rue des Grands-Augustins, 5.

DÉSIGNATION DES OBJETS

Émaux champlevés

1 — Très-beau flambeau porte-cierge, à base hexagone, en cuivre champlevé et émaillé, de la fin du XIIIe siècle.

Ce flambeau provient de la collection Soltykoff, et est accompagné d'une note où il est décrit ainsi qu'il suit :

« Ce fragment de la plus haute curiosité, est intéressante par sa belle conservation et plus encore par les six personnages qu'une habile main y a gravés.

Avec des notions certaines du blason, il est facile de reconnaître chaque cavalier ; leurs armoiries apposées sur la housse de leurs chevaux, sont autant d'armes parlantes qui expriment le nom de chacun d'eux ; quant aux deux personnages à pied, ce sont deux varlets tenant les étendards de ces chevaliers.

Le premier, dont la housse est semée de lys et aux armes de Provence, est Charles d'Anjou, roi de Sicile, frère de saint Louis.

Le deuxième, dont la housse est semée de pals, est Pierre III, roi d'Aragon.

Le troisième, dont la housse est échiquetée et herminée, est Arthur II, vicomte de Limoges et duc de Bretagne.

Le quatrième, dont la housse est semée de bandes obliques, est Robert II, duc de Bourgogne.

Reste maintenant à rechercher les circonstances qui ont provoqué la réunion de ces princes.

Nous ouvrons l'histoire et nous trouvons que Pierre III (cité plus haut), prétendant au royaume de Sicile par sa femme, fille de Mainfroi, saisit avec empressement la nouvelle du massacre des Français à Palerme (les Vêpres siciliennes, 1282) pour faire une descente en Sicile, qu'il y fut reçu comme libérateur, que les habitants de cette île se jetèrent dans ses bras, tant était grande leur crainte du juste ressentiment de Charles d'Anjou, leur souverain. Pierre III fut aussitôt proclamé roi de Sicile et couronné à Palerme.

Le pape Martin IV, indigné de cette usurpation, frappa le nouveau roi d'une excommunication qu'il renouvela l'année suivante, 1283 Pierre III se moqua des foudres de Rome, il tint aussi peu de compte du cartel de défi que Charles d'Anjou lui donna pour se battre avec lui le premier juin 1283 à Bordeaux, chacun accompagné de cent chevaliers. Charles, au jour marqué, comparut et passa toute la journée en champ-clos avec ses chevaliers, à la vue d'une foule innombrable d'étrangers que la nouveauté du spectacle avait attirés, mais Pierre III, quoiqu'il eût accepté le défi, ne parut point à Bordeaux, ou s'il y vint, il n'y resta qu'un moment presque seul et déguisé et repartit aussitôt pour l'Espagne.

D'après ce, tout porte à croire que ce précieux monument a été fait en mémoire de la valeureuse conduite de

Charles d'Anjou et pour témoigner de la lâcheté de Pierre, roi d'Aragon. »

Diam. de la base, 17 cent.; haut. de la tige conique, 25 cent.

2 — Deux belles plaques, provenant d'une châsse, en cuivre champlevé, émaillé bleu et rouge et réserves dorées. Elles sont enrichies de figures de saints personnages debout en haut-relief en cuivre repoussé, ciselé et doré, rapportées. Une des plaques est fleurdelisée. Limoges, XIIIe siècle

Haut., 30 cent.; larg., 16 cent.

3 — Rétable d'autel, de forme cintrée par le haut, fermant à deux volets, en cuivre repoussé, ciselé, doré et émaillé. Le centre est occupé par une croix en cuivre, garnie de chatons en cristal de roche, accotée de deux anges debout en haut-relief, en argent repoussé et doré. Le soubassement émaillé, représente la visite des saintes femmes au sépulcre du Christ, en couleurs sur fond réservé. Les volets offrent les douze apôtres et deux anges, représentés à mi-corps, de même travail que la plaque qui précède. Des inscriptions, placées auprès de chaque figure, indiquent leur personnalité. Ouvrage des bords du Rhin du XIIe siècle. La croix est d'une époque postérieure.

Collection Soltykoff, n° 26.

Haut., 33 cent.; larg., 39 cent.

4 — Coffret à bijoux, de forme oblongue. Il est décoré d'élégants entrelacs en émail, se détachant sur le fond de cuivre doré et de médaillons, qui renferment des ani-

maux. Ouvrage de Limoges du XIIe siècle. Collection Debruge.

Long., 11 cent.; haut., 45 millim.

5 — Plaque de forme losangée et à lobes, ornée de figures en relief sur fond d'émail, et enrichie de chatons ornés de cabochons de couleur. Ouvrage dans le style des émaux limousins du XIIIe siècle.

Haut. et larg., 16 cent.

Émaux de Limoges

6 — Grand et très-beau triptyque. Peinture en émaux de couleurs, rehaussée d'or et enrichie d'émaux saillants sur paillons, imitant les pierres précieuses, attribuée à NARDON PÉNICAUD. Le tableau central représente le couronnement d'épines; le volet gauche, le baiser de Judas et le volet droit, le Christ à la colonne.

Cette pièce est remarquable par sa belle conservation, par la richesse des costumes et par l'expression des figures.

Haut., sans la monture, 27 cent.; larg. totale, 50 cent.

7 — Tableau central de triptyque composé de deux plaques. Peinture en émaux de couleurs, rehaussée de points saillants sur paillons, imitant les pierres précieuses et attribuée à NARDON PÉNICAUD. La plaque principale représente le sujet de l'Annonciation, surmonté de la figure du Père

éternel, entouré d'anges. La seconde plaque, formant frise, représente deux figures d'anges ailés, soutenant un écusson armorié sur un fond bleu, étoilé d'or.

Haut. totale, 32 cent.; larg., 22 cent.

8 — Deux beaux volets de triptyque.—Peinture en émaux de couleurs, rehaussée d'or, enrichie de points saillants sur paillons, imitant les pierreries. Le volet gauche représente la naissance du Christ et le volet droit le sujet de la Circoncision.

Haut., 26 cent.; larg., 18 cent.

9 — Deux très-jolies plaques rondes.— Peinture en émaux de couleurs et sur paillons, par Jean Pénicaud. L'une d'elles représente le sujet du baiser de Judas, composition de quantité de figures et l'autre Jésus au milieu des docteurs.

Chacune des plaques porte au revers le poinçon de l'artiste.

Diam., 10 cent.

10 — Plaque de forme carrée. — Peinture en émaux de couleurs et sur paillons, rehaussée d'or, attribuée à Léonard Limousin.

Elle représente le sujet de l'Annonciation.

Haut., 13 cent.; larg., 10 cent.

11 — Belle coupe ronde à couvercle. — Peinture en grisaille sur fond noir, chairs teintées et rehauts d'or, par Jean Courtois.

Coupe. A l'intérieur, le sujet de la création; à l'extérieur des mascarons fantastiques, des festons de lauriers et des enroulements.

Le piédouche à balustre est décoré d'animaux fantastiques, de termes, de festons de fruits et d'enroulements. Le dessous du pied porte des fleurs de lis d'or.

Couvercle. — A l'extérieur sont représentées diverses scènes, tirées de l'histoire d'Adam et d'Eve. Il est décoré à l'intérieur d'animaux fantastiques, de cariatides ailées, et d'ornements.

Le monogramme de l'artiste [J. C.] se lit à l'extérieur du couvercle et à l'intérieur de la coupe.

Haut. totale, 25 cent.; diam., 15 cent.

12 — Autre belle coupe ronde à couvercle. — Peinture en grisaille sur fond noir, chairs légèrement teintées, attribuée à Jean Courtois.

Coupe. — A l'intérieur, le passage de la mer Rouge; à l'extérieur, des mufles de lion, des enroulements et des fruitages.

Le piédouche à balustre est décoré de figures de tritons et naïades montés sur des chevaux marins.

Couvercle. — A l'intérieur est représenté le sujet des Hébreux dans le désert, recevant la manne céleste. A l'intérieur, il est décoré de médaillons renfermant des animaux, de festons de fruits et d'ornements variés.

Haut. totale, 24 cent.; diam., 18 cent.

13 — Beau tableau carré. — Peinture en grisaille sur fond noir, par Martin Didier.

Ce tableau présente à son centre un médaillon rond,

décoré d'une figure de Neptune et entouré de quatre sujets, tirés de l'Énéide.

14 — Petite coupe ronde. Peinture en grisaille teintée sur fond noir, XVIe siècle. Elle offre à l'intérieur, le sujet du jugement de Paris, et à l'extérieur, des festons de lauriers, des trophées d'armes et des mascarons. Le piédouche est moderne.

Haut., 12 cent. ; diam., 15 cent.

15 — Grand et beau triptyque. Peinture en émaux de couleur et sur paillons par LÉONARD LIMOUSIN, 1554 et 1556.

Le tableau central de forme ovale, représente le Christ en croix, entouré de têtes de chérubins. A droite et à gauche de la croix, se trouvent les figures de la sainte Mère de Dieu et de saint Jean. Un cartouche placé à la partie inférieure de la plaque porte l'inscription suivante : *Per signum crucis, de inimicis nostris libera nos Deus noster.*

Les deux volets représentent le sujet de l'Annonciation. Dans le haut de celui de gauche, le Père éternel est représenté dans des nuages, entouré de chérubins. Dans le haut du volet droit, le Saint-Esprit se détache sur un fond rayonnant d'or. Monture en maroquin et velours grenat.

Haut. totale, 37 cent; larg., 71 cent.

16 — Plaque ovale, légèrement convexe. — Peinture en émaux de couleurs, attribuée à LÉONARD LIMOUSIN. Elle représente Joseph et Putiphar.

Haut., 20 cent ; larg., 16 cent.

17 — Coffret carré en cuivre ciselé et doré, enrichi de cinq pla-

ques en émail de Limoges, peintes en grisaille sur fond bleu clair et attribuées à Kip. Elles représentent diverses scènes, tirées de l'Ancien Testament : la manne céleste tombant du ciel, Moïse recevant les tables de la loi, l'adoration du veau d'or, le passage de la mer Rouge et le serpent d'airain. La monture est moderne.

Haut., 15 cent ; larg., 15 cent.

18 — Belle plaque de forme cintrée. — Peinture en émaux de couleur et rehauts d'or sur fond noir, attribuée à Pape. Elle représente une *pieta*. Le Christ mort est étendu aux pieds de sa mère, soutenue et entourée des saintes femmes.

Haut. et larg., 17 cent.

19 — Belle plaque carrée, peinte en émaux de couleurs et sur paillons par Léonard Limousin en 1536.

Elle représente au premier plan des moines jouant aux boules dans une forêt; au second plan, un chasseur debout en riche costume, tire de l'arc. Cette plaque porte un écusson armorié, dans une couronne de lauriers.

Haut., 15 cent ; larg., 20 cent.

20 — Plaque carrée. — Peinture en émaux de couleurs et sur paillons, attribuée à Léonard Limousin.

Elle représente le Christ en croix et les saintes femmes. Au premier plan, la donatrice en prières; le prie-dieu porte le blason de France, surmonté de la crosse abbatiale.

21 — Beau couvercle de coupe. — Peinture en grisaille légèrement teintée, sur fond noir, et rehauts d'or, attribuée

à Pierre Raymond. Il représente à l'extérieur, le sujet du passage de la mer Rouge, et à l'intérieur, quatre médaillons ovales, dont l'un renferme le buste de Henri ii, vu de profil et couronné de lauriers, et les trois autres, deux bustes de femmes et un guerrier casqué.

Diam., 20 cent.

22 — Petit coffret en bois noir, garni de cinq plaques, peintes en grisaille sur fond noir et attribuées à Kip, représentant diverses scènes tirées de l'Ancien Testament.

Haut., 9 cent.; larg., 13 cent.

23 — Tableau de forme carrée, surmonté d'une plaque cintrée. — Peinture en grisaille, légèrement teintée par Martin Didier.

La plaque inférieure représente la mise au tombeau, et porte les initiales de l'artiste m. d. i. La plaque cintrée représente deux anges, tenant les instruments de la passion.

24 — Grande plaque ovale légèrement convexe. — Peinture en émaux de couleurs et sur paillons par Pierre Courtois.

Elle représente la jeunesse et la Parque.

Haut., 30 cent.; larg., 22 cent.

25 — Plaque carrée. — Peinture en grisaille, légèrement teintée sur fond noir, portant au revers le poinçon de Pierre Pénicaud.

La Vierge assise, tient son divin fils sur ses genoux.

Aux pieds de l'enfant Dieu, saint Jean conduit par un ange.

Haut., 24 cent.; larg., 19 cent.

26 — Jolie plaque de forme carré-long — Peinture en grisaille, attribuée à Pierre Raymond. Elle représente un sujet de chasse.

Haut., 9 cent.; larg., 18 cent.

27 — Aiguière de forme antique. — Peinture en grisaille, rehaussée d'or sur fond bleu dans la manière de Pénicaud III. La partie inférieure de la panse représente Moïse frappant le rocher, et la partie supérieure une frise de guerriers combattant. Le piédouche est moderne.

Haut., 31 cent.

28 — Plaque carrée. — Peinture en grisaille, attribuée à Pierre Raymond.

Elle représente le sujet de Joseph, descendu dans le puits.

Haut., 10 cent.; larg., 16 cent.

29 — Quatre jolies plaques de forme cintrée. — Peintures en grisaille sur fond noir avec terrasses émaillées vert. xvie siècle.

Elles représentent des jeux d'enfants et d'Amours. Deux d'entre elles portent l'inscription: Vive jevnesse, et une autre: Bien fect qvi fovrtvne passe.

30 — Plaque de forme cintrée, provenant d'un baiser de paix.

— Peinture en émaux de couleurs, attribuée à Pierre Raymond et représentant saint Jérôme en prières.

Cette pièce a été montée dans une plaque de châpe en argent doré, décorée dans le style du XIVe siècle.

400. 31 — Médaillon rond. — Peinture en émaux de couleurs, attribuée à Pierre Raymond. Il représente le Christ en croix. Monture en argent doré en forme de monument gothique, à ornements découpés à jour. La monture est moderne.

Haut. totale 15 cent.

375. 32 — Médaillon rond. — Peinture en émaux de couleurs sur fond bleu, attribuée à Léonard Limousin. Il représente sainte Marie de Lorette, debout sur un édifice, supporté par quatre anges. Il est monté dans un monument en argent doré, analogue à celui qui précède.

Haut., 15 cent.

Faïences italiennes

2.010. 33 — Fabrique de Gubbio. — Très-beau plat rond à décor à reflets métalliques rouge rubis et or. Il représente Mars et Vénus, assis sur un lit de repos. Près d'eux est un Amour; un écusson armorié est appendu à une draperie. Ce beau plat, que nous attribuons à Maestro Giorgio porte au revers, la date de 1538.

Diam., 28 cent.

admirable. reflets or et rubis dominants. un des plus beaux plats qui soient passés en vente. —

885. 34 — Fabrique d'Urbino. — Belle coupe ronde sur piédouche bas, représentant sainte Cécile debout, entourée de quatre figures de saints personnages; dans le haut, groupe d'anges, faisant de la musique. Belle qualité.

Diam., 27 cent.

1000. 35 — Fabrique d'Urbino. — Charmant petit vase, modèle biberon à panse ovoïde, à anse surélevée et goulot formé d'un mascaron barbu. Il est décoré d'une figure de fleuve couché dans un paysage, et de trois figures de femmes dans diverses attitudes.

Haut., 24 cent.

405. 36 — Même fabrique. — Jolie salière en forme de vasque oblongue et profilée, décorée de figures d'Amours dans des paysages. La cavité présente une figure de femme et sa face principale la figure de Jupiter.

Haut., 8 cent.; larg., 14 cent.

460. 37 — Même fabrique. — Beau plat rond, offrant au centre le sujet de Suzanne et les vieillards. Le bord est décoré de tritons et de naïades.

465. 38 — Fabrique de Faenza. — Belle coupe ronde, représentant la Crèche; les bergers viennent offrir un sacrifice à Dieu. Cette coupe est décorée à l'extérieur d'ornements en camaieu bleu et porte au fond l'indication du sujet.

Diam., 26 cent.

800. 39 — Même fabrique. — Coupe ronde, décorée d'un buste de

femme casquée, vue de profil et tournée vers la gauche. On lit sur une banderolle le nom MARTA. B.

Diam., 24 cent.

Orfévrerie

40 — Beau calice en argent repoussé, ciselé et doré, enrichi de médaillons et de panneaux d'émaux de basse-taille, dits translucides, représentant le Christ en croix et des bustes de saints personnages. Il porte au-dessus du pied l'inscription suivante : ANDREAS ARDITI DE FLORENCIA ME FECIT, *fait par André Arditi de Florence.* Commencement du XVe siècle. Collections Debruge et Soltykoff.

Haut., 22 cent.

41 — Autre calice en cuivre repoussé et doré. La corolle qui supporte la coupe est d'émail peint et représente divers bustes. Le pied à six pans cintrés est enrichi de trois plaques d'émail de même style. Ouvrage vénitien du commencement du XVIe siècle. Collection Soltykoff.

Haut., 21 cent.

42 — Belle couronne en argent ciselé et doré, enrichie d'ornements à rinceaux, découpés à jour, de fleurons émaillés et de pierreries. Elle est surmontée du double aigle d'Allemagne. Ouvrage allemand de la fin du XVIe siècle.

Haut., 33 cent.

43 — Belle ceinture en argent doré, composée d'ornements à rinceaux finement ciselés et découpés à jour et enrichie de pierreries et perles fines. Ouvrage allemand du XVIe siècle.

44 — Agrafe de chape en argent doré, présentant à son centre le sujet de la crèche, sous un monument de style gothique. Travail moderne dans le style du XVe siècle.

45 — Agrafe de chape en argent doré, présentant à son centre le Christ en croix. Travail moderne dans le style du XVe siècle.

46 — Coupe ronde à couvercle en cristal de roche, avec monture en argent doré à ornements découpés à jour et rosaces saillantes en cristal de roche rapportées.

47 — Deux couteaux à manches en argent, tres-finement gravés à figures et ornements d'après des dessins de Théodore de Bry. Travail du XVI siècle.

Fer

48 — Charmant petit coffret de forme oblongue, à couvercle bombé, en fer, à figures mythologiques, grotesques et ornements finement plaqués en or et en argent gravé. Il porte la date quatre fois répétée de **1573** et les noms **SÉRÈS** et **BACUS** (*sic*). Travail français.

Bronzes d'art

49 — Coffret de forme oblongue, présentant au pourtour des mascaro s et des figures de bacchantes montées sur des centaures; un buste en haut-relief orne chacun de ses grands côtés. Le couvercle présente deux figures de génie et un mascaron fantastique avec encadrement formé de palmettes et d'ornements. Il repose sur quatre tortues fantastiques à têtes humaines. Bronze florentin du XVIe siècle de la belle qualité.

Haut., 11 cent.; larg., 23 cent.

50 — Magnifique flambeau en bronze, à large plateau rond et colonne, décoré de feuillages et d'ornements en relief. Travail italien des premières années du XVIe siècle.

51 — Groupe de deux figures, représentant Hercule étouffant Antée. Bronze muni d'une belle patine. Travail du XVIIe siècle.

Haut., 41 cent.

52 — Figure de Cléopâtre couchée d'après l'antique. Bronze italien du XVIe siècle, de fonte très-légère, munie d'une patine verte, et conservant dans certaine partie des traces de dorure; sur socle en marbre.

Larg., 40 cent.

53 — Plaque de forme carré-long, en cuivre repoussé, ciselé et doré. Elle présente à son centre la figure de saint Jean,

l'évangéliste, dans un encadrement composé de cornes d'abondances, de figures de femmes, de guirlandes de fleurs et d'ornements. Ouvrage de la fin du xvie siècle.

Haut., 17 cent.; larg., 25 cent.

Sculptures

54 — Triptyque en ivoire sculpté. Le tableau central offre la figure de la Vierge portant son divin Fils, entre deux saints personnages tenant des cierges. Travail du xive siècle. Les volets sont de travail moderne.

Haut., 14 cent.

55 — Statuette en ivoire sculpté. L'Enfant Jésus debout posant le pied sur un serpent. Travail du xviie siècle.

Haut., 15 cent.

56 — Grand tableau d'ivoire sculpté en haut-relief représentant un sujet allégorique à l'abondance. Beau travail du xviie siècle.

Haut., 25 cent.; larg., 22 cent.

57 — Statuette en bois sculpté. Vénus nue, sortant du bain.

Haut., 14 cent.

Porcelaines de Sèvres

58 — Belle jardinière, forme éventail, en ancienne porcelaine de Sèvres, pâte tendre, décorée de festons de fleurs; bords et palmes émaillés bleu turquoise. Le socle est enrichi d'ornements découpés à jour.

Haut., 18 cent.

59 — Grand vase en porcelaine de Sèvres, pâte tendre, fond bleu turquoise, décoré de médaillons marines. La panse ovoïde est ornée à sa partie supérieure de fleurons découpés à jour. Le couvercle fond bleu turquoise et or repose sur une gorge en bronze doré, découpée à jour.

60 — Deux beaux vases de forme ovoïde, en ancienne porcelaine de Sèvres, pâte tendre, fond bleu de roi, à médaillons, jeux d'enfants dans le style de Boucher, et figurant l'été et l'automne. Au revers, ils sont décorés de fleurs et d'attributs. Le culot est orné de godrons dorés, et la partie supérieure du vase est enrichie de canneaux creux réservé en blanc avec filets d'or. Anses et pieds en bronze doré.

Haut., 27 cent.

61 — Deux vases à panse ovoïde et long goulot en porcelaine de Sèvres, émaillée gros bleu, montés à anses et frises en bronze finement ciselé et doré. Époque Louis XVI.

Haut., 35 cent.

Porcelaines de Chine

62 — Garniture de trois jolis vases à couvercles en ancienne porcelaine de Chine, craquelée, émaillée vert d'eau, richement montés à anses, socles et gorges en bronze doré du temps de la Régence. Qualité rare.

Haut., 25 cent.; larg., 32 cent.

63 — Joli vase, forme bouteille en ancien céladon bleu turquoise à fleurs et ornements, très-finement gravés sous émail.

Haut., 28 cent.

64 — Deux très-petits vases en porcelaine de Chine, fond jaune clair et à fleurs et ornements émaillés en couleurs.

Haut., 13 cent.

65 — Vase, modèle balustre en céladon bleu turquoise à écailles gaufrées en relief et à serpents entourant la panse et formant anses.

Haut., 26 cent.

66 — Grand vase en céladon bleu turquoise, garni d'une gorge en bronze doré.

Haut., 49 cent.

67 — Deux vases analogues à celui qui précède mais plus

petits. Ils sont garnis de socles et de gorge en bronze doré.

Haut., 40 cent.

68 — Vase en porcelaine de Chine, décoré de figures émaillées en couleurs sur fond bleu d'eau.

Haut., 42 cent.

69 — Vase, modèle balustre à deux anses en porcelaine de Chine craquelée, décoré d'arbustes, d'oiseaux et d'animaux, émaillés en couleurs. Socle et gorge en bronze doré.

Haut., 39 cent.

70 — Charmant petit vase en ancien céladon vert d'eau à côtes et à branchages en relief. Il est monté sur un socle, modèle rocaille en bronze doré du temps de Louis XV. Il provient de la collection de la duchesse de Montebello.

Haut., 25 cent.

71 — Deux beaux vases, modèle balustre en ancienne porcelaine de Chine, décorés de lambrequins découpés et de fleurs et ornements émaillés en couleurs. Belle qualité.

Haut., 37 cent.

72 — Deux vases en ancien céladon vert d'eau, à fleurs et ornements gaufrés sous émail.

Haut., 29 cent.

73 — Deux petits vases à couvercles en ancienne porcelaine de Chine craquelée gris jaunâtre avec monture en cuivre doré du temps de Louis XIV.

74 — Petit pot à anse et couvercle en ancienne porcelaine de Chine émaillée bleu lapis et monté en argent.

75 — Vase, en forme de gourde aplatie à deux anses, en porcelaine de Chine, décorée d'oiseaux et de feuillages émaillés rouge et bleu sur fond blanc.

Haut., 25 cent.

76 — Coupe de forme ovale en porcelaine de Chine craquelée, décorée de fleurs et d'attributs divers, émaillés en couleurs; monture en bronze doré.

Haut., 17 cent.; larg., 33 cent.

77 — Petite théière et son réchaud à bain-marie en poterie de Satsuma très-finement décorée en émaux de couleurs et or.

Émaux cloisonnés

78 — Deux petits vases en forme de coupes sur piédouche élevé, en émail cloisonné, à fleurs et ornements sur fond bleu turquoise.

Haut., 19 cent.

79 — Petit vase, forme bouteille, en émail cloisonné à fleurs et ornements sur fond bleu foncé.

Haut., 15 cent.

80 — Gourde de forme aplatie en émail cloisonné, à fleurs et ornements sur fond bleu turquoise.

Haut., 17 cent.

81 — Petit brûle-parfums formé d'un éléphant debout, en cuivre doré et émaillé, enrichi d'incrustations de jade gravé.

Bronzes d'ameublement et Objets variés

82 — Belle pendule du temps de Louis XV en bronze doré, reposant sur quatre pieds, formés de têtes d'éléphants. Le dessus est orné d'un éléphant couché et les côtés sont garnis de dragons. Mouvement de Jean Lenoir, à Paris.

Cette pièce est signé Coffieri *fecit*, à Paris.

Haut., 46 cent.

83 — Deux belles figures de vestales en bronze vert, sur socles carrés en marbre griotte, garnis de bronze doré. Époque Louis XVI.

Haut., 54 cent.

84 — Deux cassolettes à couvercles en cuivre bleui, montées en bronze doré, à pieds, ornés de mufles de lions et reliés par des festons de fleurs. Époque Louis XIV.

Haut., 28 cent.

85 — Flambeau en cuivre doré, formé d'un Amour assis sur un crocodile et supportant une corne d'abondance. Travail ancien.

Haut., 22 cent.

86 — Boîte de forme oblongue, à angles arrondis en laque noir, incrusté de nacre de perles et de burgau, représentant des monuments et des paysages. Elle renferme un

plateau de même travail et elle est garnie en cuivre doré. Époque Louis XV.

Haut., 65 milli.; larg., 12 cent.

250. — 87 — Bouteille en forme de gourde aplatie, en verre violet couverte d'ornements en cuivre doré, découpés à jour et garnie d'une chaîne de suspension.

Haut., 37 cent.

88 — On vendra sous ce numéro les objets omis.

1155./.. 89. Tapis de Perse ancien. superbe. [illegible] [illegible]. et [illegible] d'aspect.

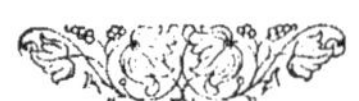

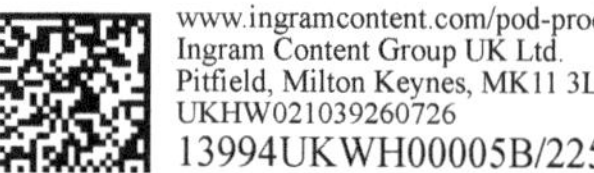

www.ingramcontent.com/pod-product-compliance
Ingram Content Group UK Ltd.
Pitfield, Milton Keynes, MK11 3LW, UK
UKHW021039260726
13994UKWH00005B/2259